BEI GRIN MACHT SICH IHR WISSEN BEZAHLT

- Wir veröffentlichen Ihre Hausarbeit,
  Bachelor- und Masterarbeit

- Ihr eigenes eBook und Buch -
  weltweit in allen wichtigen Shops

- Verdienen Sie an jedem Verkauf

**Jetzt bei www.GRIN.com hochladen
und kostenlos publizieren**

Bibliografische Information der Deutschen Nationalbibliothek:

Die Deutsche Bibliothek verzeichnet diese Publikation in der Deutschen National-
bibliografie; detaillierte bibliografische Daten sind im Internet über http://dnb.d-
nb.de/ abrufbar.

Dieses Werk sowie alle darin enthaltenen einzelnen Beiträge und Abbildungen
sind urheberrechtlich geschützt. Jede Verwertung, die nicht ausdrücklich vom
Urheberrechtsschutz zugelassen ist, bedarf der vorherigen Zustimmung des Verla-
ges. Das gilt insbesondere für Vervielfältigungen, Bearbeitungen, Übersetzungen,
Mikroverfilmungen, Auswertungen durch Datenbanken und für die Einspeicherung
und Verarbeitung in elektronische Systeme. Alle Rechte, auch die des auszugsweisen
Nachdrucks, der fotomechanischen Wiedergabe (einschließlich Mikrokopie) sowie
der Auswertung durch Datenbanken oder ähnliche Einrichtungen, vorbehalten.

Impressum:

Copyright © 2017 GRIN Verlag, Open Publishing GmbH
Druck und Bindung: Books on Demand GmbH, Norderstedt Germany
ISBN: 9783668515000

Dieses Buch bei GRIN:

http://www.grin.com/de/e-book/372394/globale-supply-chain-risiken-am-beispiel-
von-seltenerdmetallen

Dominic Loske

Globale Supply-Chain-Risiken am Beispiel von Seltenerdmetallen

Wann werden Rohstoffe zu "Droh"-Stoffen?

GRIN Verlag

GRIN - Your knowledge has value

Der GRIN Verlag publiziert seit 1998 wissenschaftliche Arbeiten von Studenten, Hochschullehrern und anderen Akademikern als eBook und gedrucktes Buch. Die Verlagswebsite www.grin.com ist die ideale Plattform zur Veröffentlichung von Hausarbeiten, Abschlussarbeiten, wissenschaftlichen Aufsätzen, Dissertationen und Fachbüchern.

Besuchen Sie uns im Internet:

http://www.grin.com/

http://www.facebook.com/grincom

http://www.twitter.com/grin_com

Forschungslücke, Forschungsfrage und Zielsetzung der Arbeit

Forschungslücke/ Leitfragen:

Fehlende Existenz von festgelegten Eigenschaften, **wann Rohstoffe von Akteuren als Drohmittel verwendet werden** können und **wann die Terminologie „Drohstoff" verwendet wird**.

Forschungsfrage:

Wann werden Rohstoffe zu "Droh"-Stoffen?

Zielsetzung der Arbeit:

Erarbeitung eines Frameworks mit verschiedenen Kriterien, anhand derer man bewerten kann, wann Rohstoffe als Drohmittel verwendet werden können und somit die Terminologie „Drohstoff" berechtigt ist.

AGENDA

01 - BEDEUTUNG IM GLOBALEN KONTEXT UND ANWENDUNGSBEISPIELE
Übersicht | Erzeugerländer| Monopolstellung Chinas |
Anwendungsbeispiele | Dysprosium

Wann werden Rohstoffe zu "Droh"-Stoffen?
Globale Supply-Chain-Risiken am **Beispiel von Seltenerdmetallen**

Seltenerdmetalle – Eine Übersicht

Wann werden Rohstoffe zu "Droh"-Stoffen?
Globale Supply-Chain-Risiken am Beispiel von Seltenerdmetallen

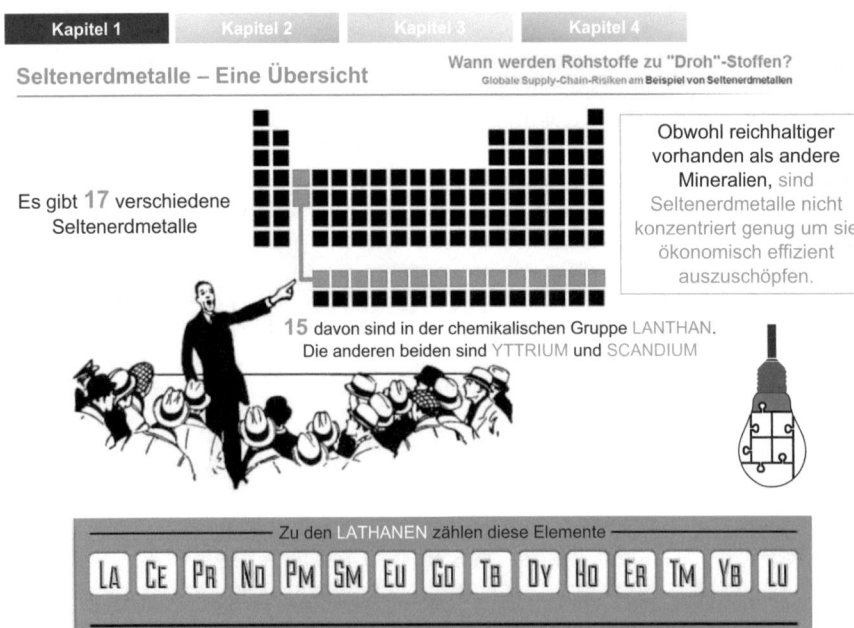

Es gibt **17** verschiedene Seltenerdmetalle

Obwohl reichhaltiger vorhanden als andere Mineralien, sind Seltenerdmetalle nicht konzentriert genug um sie ökonomisch effizient auszuschöpfen.

15 davon sind in der chemikalischen Gruppe LANTHAN.
Die anderen beiden sind YTTRIUM und SCANDIUM

— Zu den LATHANEN zählen diese Elemente —

| La | Ce | Pr | Nd | Pm | Sm | Eu | Gd | Tb | Dy | Ho | Er | Tm | Yb | Lu |

Quelle: https://www.unternehmer.de/it-technik/152108-technologie-der-zukunft-seltene-erden-als-problem-infografik, Zugriff am 21.12.2016.

Anteil der wichtigsten Förderländer an der weltweiten Förderung von Seltenen Erden im Jahr 2015

- Asien
- Australien
- USA
- Russland

Quelle: Eigene Darstellung nach *US Geological Survey*, Mineral Commodity Summaries 2016, S. 135.

Die Monopolstellung Chinas ist kein Zufall –
China hat das strategische Potential der Seltenerdmetalle früh erkannt

- Kontinuierlicher Ausbau der Seltenerdmetall -Produktion seit Mitte der 1980er Jahre.
- Niedrigere chinesische Preise ab Mitte der 1990er Jahre.
- Dies erlaubte es China, Seltenerdmetalle unter den Produktionspreisen der USA anzubieten.

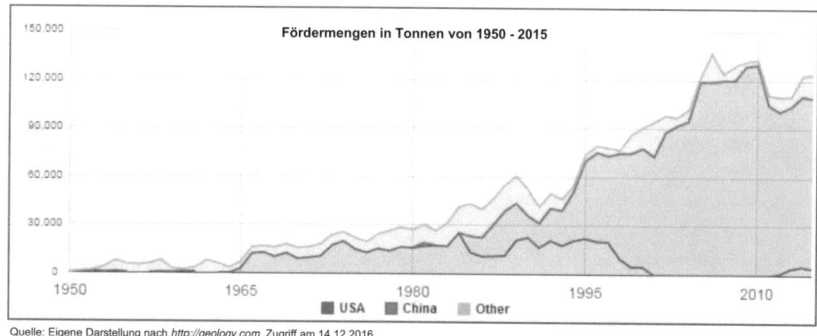

Quelle: Eigene Darstellung nach *http://geology.com*, Zugriff am 14.12.2016.

Kapitel 1   Kapitel 2   Kapitel 3   Kapitel 4

Anwendungsbeispiele

Wann werden Rohstoffe zu "Droh"-Stoffen?
Globale Supply-Chain-Risiken am Beispiel von Seltenerdmetallen

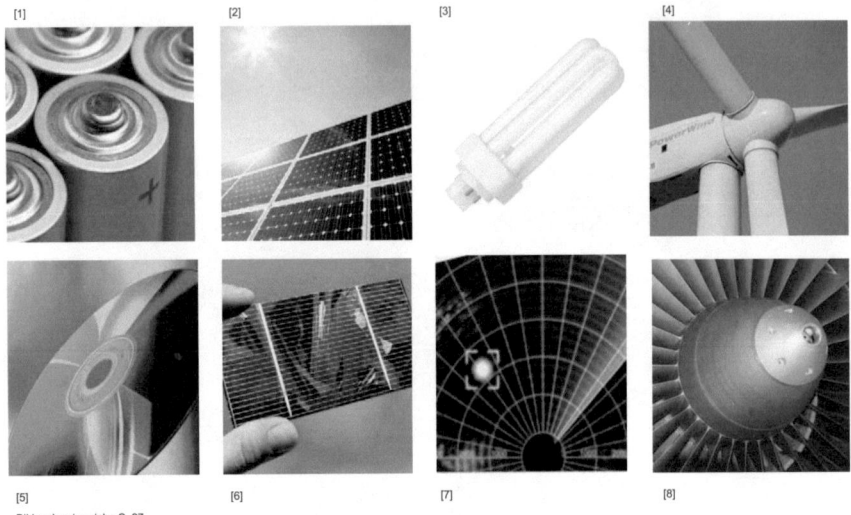

[1]   [2]   [3]   [4]

[5]   [6]   [7]   [8]

Bildnachweise siehe S. 27.

Kapitel 1   Kapitel 2   Kapitel 3   Kapitel 4

Dysprosium als Beispiel

Wann werden Rohstoffe zu "Droh"-Stoffen?
Globale Supply-Chain-Risiken am Beispiel von Seltenerdmetallen

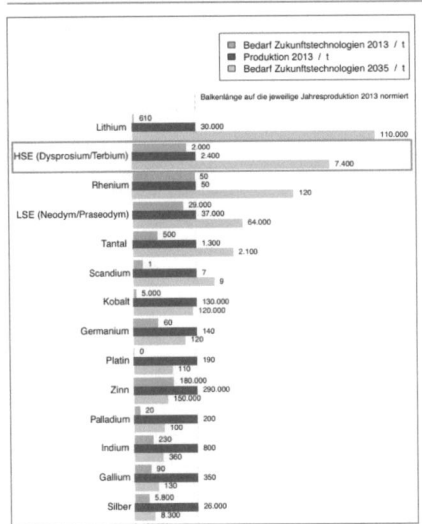

Legende:
- ☐ Bedarf Zukunftstechnologien 2013 / t
- ■ Produktion 2013 / t
- ☐ Bedarf Zukunftstechnologien 2035 / t

Balkenlänge auf die jeweilige Jahresproduktion 2013 normiert

Rohstoff	Bedarf 2013	Produktion 2013	Bedarf 2035
Lithium	610	30.000	110.000
HSE (Dysprosium/Terbium)	2.000	2.400	7.400
Rhenium	50	50	120
LSE (Neodym/Praseodym)	29.000	37.000	64.000
Tantal	500	1.300	2.100
Scandium	1	7	9
Kobalt	5.000	130.000	120.000
Germanium	60	140	120
Platin	0	190	110
Zinn	180.000	290.000	150.000
Palladium	20	200	100
Indium	230	800	360
Gallium	90	350	130
Silber	5.800	26.000	8.300

Quelle: *Marscheider-Weidemann, F. et al, DERA Rohstoffinformationen, S. 14.*

Namensdeutung:

dysprosodos (grch.): unzugänglich

Wird in Form von verschiedenen Legierungen, in Spezialmagneten und in der Kerntechnik verwendet.

95% der Gesamtförderung von Dysprosium wird für die Fertigung von Magneten verwendet.

[9] Bildnachweise siehe S. 28.

DYSPROSIUM

AGENDA

01 - BEDEUTUNG IM GLOBALEN KONTEXT UND ANWENDUNGSBEISPIELE
Übersicht | Erzeugerländer| Monopolstellung Chinas |
Anwendungsbeispiele | Dysprosium

02 - RISIKOIDENTIFIKATION
Unternehmen | Umfeld | Branche

Wann werden Rohstoffe zu "Droh"-Stoffen?
Globale Supply-Chain-Risiken am Beispiel von Seltenerdmetallen

---

Supply Chain Dysprosium

Wann werden Rohstoffe zu "Droh"-Stoffen?
Globale Supply-Chain-Risiken am Beispiel von Seltenerdmetallen

Abbau/ Trennung ⟩ Herstellung Oxid ⟩ Legierungen Magnetpulver ⟩ Herstellung Magnet ⟩ Herstellung Komponente ⟩ Montage Endprodukt

[10] [11] [12] [13] [14] [15] [16] Bildnachweise S. 28

Supply Chain Dysprosium

Wann werden Rohstoffe zu "Droh"-Stoffen?
Globale Supply-Chain-Risiken am Beispiel von Seltenerdmetallen

| Abbau/ Trennung | Herstellung Oxid | Legierungen Magnetpulver | Herstellung Magnet | Herstellung Komponente | Montage Endprodukt |

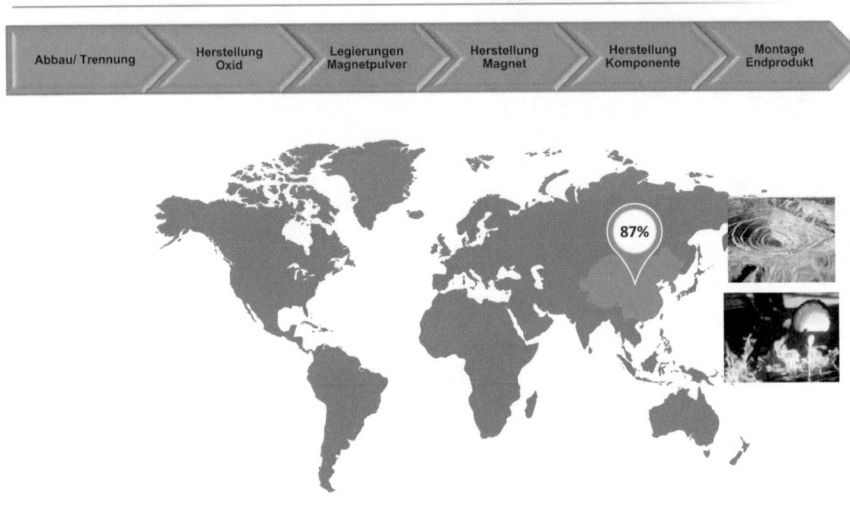

Supply Chain Dysprosium

Wann werden Rohstoffe zu "Droh"-Stoffen?
Globale Supply-Chain-Risiken am Beispiel von Seltenerdmetallen

| Abbau/ Trennung | Herstellung Oxid | Legierungen Magnetpulver | Herstellung Magnet | Herstellung Komponente | Montage Endprodukt |

Supply Chain Dysprosium

Wann werden Rohstoffe zu "Droh"-Stoffen?
Globale Supply-Chain-Risiken am Beispiel von Seltenerdmetallen

| Abbau/ Trennung | Herstellung Oxid | Legierungen Magnetpulver | Herstellung Magnet | Herstellung Komponente | Montage Endprodukt |

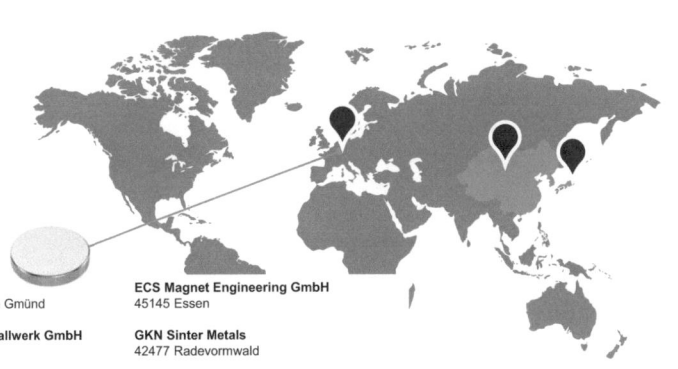

Assfalg GmbH
73525 Schwäbisch Gmünd

ECS Magnet Engineering GmbH
45145 Essen

Auerhammer Metallwerk GmbH
08280 Aue

GKN Sinter Metals
42477 Radevormwald

Bauer & Böcker GmbH & Co. KG
42857 Remscheid

Magnetfabrik Bonn GmbH
53119 Bonn

BT Magnet-Technologie GmbH
44629 Herne

VACUUMSCHMELZE GmbH & Co. KG
63450 Hanau

Kapitel 1   Kapitel 2   Kapitel 3   Kapitel 4

Supply Chain Dysprosium

Wann werden Rohstoffe zu "Droh"-Stoffen?
Globale Supply-Chain-Risiken am Beispiel von Seltenerdmetallen

| Abbau/ Trennung | Herstellung Oxid | Legierungen Magnetpulver | Herstellung Magnet | Herstellung Komponente | Montage Endprodukt |

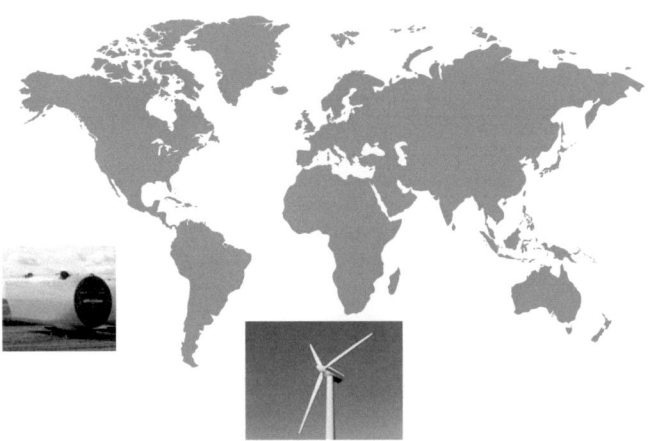

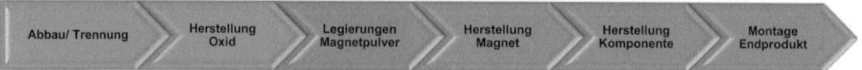
Risikoidentifikation in der SC

Wann werden Rohstoffe zu "Droh"-Stoffen?
Globale Supply-Chain-Risiken am Beispiel von Seltenerdmetallen

Abbau/ Trennung ＞ Herstellung Oxid ＞ Legierungen Magnetpulver ＞ Herstellung Magnet ＞ Herstellung Komponente ＞ Montage Endprodukt

Merkmale im Kontext der Seltenerdmetalle:

- Konzentration der weltweiten Fördermenge auf chinesische Abbaugebiete (87% der Fördermenge).
- Zugriff auf 2/3 der aktuell weltweit erschlossenen Reserven an Seltenerdmetallen.

Risiko für Supply Cain durch monopolartige Förderung Chinas:

➤ Katastrophen oder soziale Unruhen führen zu einem Ausfall der Förderung.
➤ Verringerung der Produktion (z.B. durch strengere Umweltauflagen) möglich.
➤ Beschränkung des Exports zur Verringerung der angebotenen Menge.
➤ Steigender Eigenbedarf und damit Verringerung der angebotenen Menge.

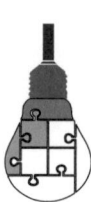

Angaben in Tonnen/ Jahr	2007	2008	2009	2010	2011	2012	2013	2014
Produktionsmengen nach Angaben China	87.020	87.620	83.320	89.200	93.800	k.A.	k.A.	k.A.
Produktionsmenge nach USGS Daten	120.000	120.000	129.000	130.000	105.000	95.000	105.000	105.000
Exportmenge China	59.640	49.990	48.160	30.260	30.180	30.996	31.001	30.610
▲ Offizielle Produktion Chinas zu Exportmenge	27.380	37.630	35.160	58.940	63.620	64.004	73.999	74.390

Quelle: Eigene Darstellung nach https://minerals.usgs.gov; Zugriff am 04.01.2017.

Auswirkungen auf die SC

Wann werden Rohstoffe zu "Droh"-Stoffen?
Globale Supply-Chain-Risiken am Beispiel von Seltenerdmetallen

Abbau/ Trennung ＞ Herstellung Oxid ＞ Legierungen Magnetpulver ＞ Herstellung Magnet ＞ Herstellung Komponente ＞ Montage Endprodukt

87% ▮▮▮ 85%

Fördermenge und erschlossene Reserven als Determinante für den „Drohstoff"

Instabilität der Rohstoffexploration und Rohstoffförderung können durch einen Dominoeffekt Konsequenzen für alle Teilnehmer der SC haben

Suche nach Substituten um Anteil an Seltenerdmetallen in Komponenten zu ersetzen

Notwendigkeit zusätzlicher Investitionen in z.B. F&E
→ Kostensteigerung
→ nur langfristige Alternative, da sehr zeitintensiv

Versorgungsengpässe für Hersteller für Komponenten und Endprodukte bei der Bedienung der Endkunden

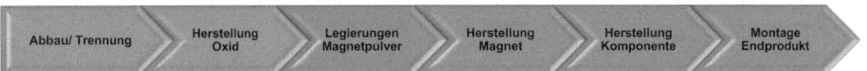

Risikoidentifikation in der SC

Wann werden Rohstoffe zu "Droh"-Stoffen?
Globale Supply-Chain-Risiken am Beispiel von Seltenerdmetallen

| Abbau/ Trennung | Herstellung Oxid | Legierungen Magnetpulver | Herstellung Magnet | Herstellung Komponente | Montage Endprodukt |

Merkmale im Kontext der Seltenerdmetalle:

- Konzentration der weltweiten Fördermenge auf chinesische Abbaugebiete (87% der Fördermenge).
- Seltenerdmetalle werden nicht an der Rohstoffbörse gehandelt.

Risiko für Supply Cain durch reinen außerbörslichen Handel und monopolartiger Förderung Chinas:

➢ Ausnutzung der Monopolposition in Bezug auf die Abbaumenge verursachte 2011 eine Preisexplosion.

➢ Exportzölle führen zu maßgeblichem Preisunterschied auf chinesischen und nichtchinesischen Markt.

➢ Anfang 2015: Schiedsspruch der Welthandelsorganisation WTO, erklärt diese Quoten für unzulässig.

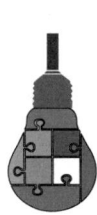

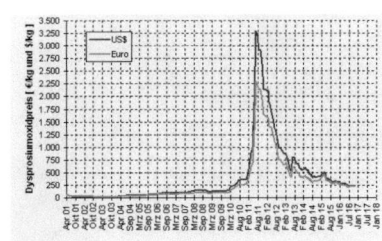

Quelle: https://www.goldsilber.org, Zugriff am 21.12.2016.

| Kapitel 1 | Kapitel 2 | Kapitel 3 | Kapitel 4 |

Risikoidentifikation in der SC

Wann werden Rohstoffe zu "Droh"-Stoffen?
Globale Supply-Chain-Risiken am Beispiel von Seltenerdmetallen

| Abbau/ Trennung | Herstellung Oxid | Legierungen Magnetpulver | Herstellung Magnet | Herstellung Komponente | Montage Endprodukt |

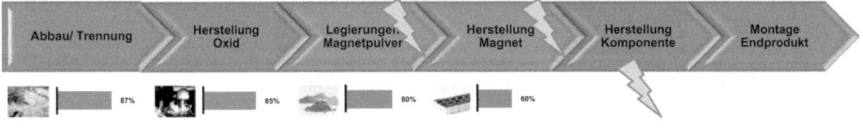

Existenzielle Bedrohung der internationalen **weiterverarbeitenden Industrie** durch Übernahme dieses Fertigungsprozesses durch China

Know-How Verlust für westliche Industrienationen in der weiterverarbeitenden Industrie von Seltenerdmetallen

Preiserhöhung des Endproduktes

Exkurs: Das böse China?

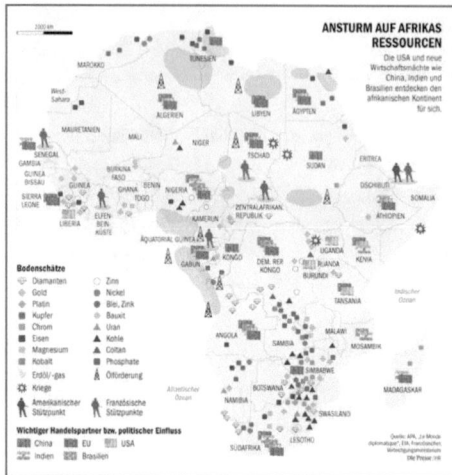

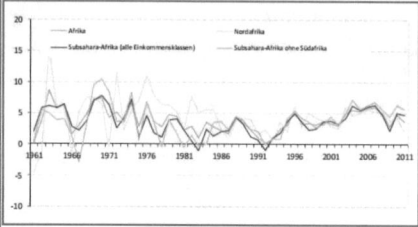

Quelle: Wissenschaftlicher Dienst des Europäischen Parlaments

<u>Beispiel Afrika:</u>

- Lange wirtschaftliche Stagnation
- geringe Wirtschaftsleistung

Quelle: *www.diepresse.com*, Zugriff am 01.01.2017

AGENDA

01 - BEDEUTUNG IM GLOBALEN KONTEXT UND ANWENDUNGSBEISPIELE
Übersicht | Erzeugerländer| Monopolstellung Chinas |
Anwendungsbeispiele | Dysprosium

02 - RISIKOIDENTIFIKATION
Unternehmen | Umfeld | Branche

03 - HERLETUNG "DROHSTOFFE"

Wann werden Rohstoffe zu "Droh"-Stoffen?
Globale Supply-Chain-Risiken **am Beispiel von Seltenerdmetallen**

| Kapitel 1 | Kapitel 2 | Kapitel 3 | Kapitel 4 |

Rohstoffe werden zu Drohstoffen, wenn...

Wann werden Rohstoffe zu "Droh"-Stoffen?
Globale Supply-Chain-Risiken am Beispiel von Seltenerdmetallen

01
Knappheit/ Beschränkter Zugang

02
Deckung Gesamtnachfrage durch einen Anbieter

03
Substituierbarkeit ist teuer oder dauert lange

04
Erschlossene Reserven dominiert von einem Anbieter

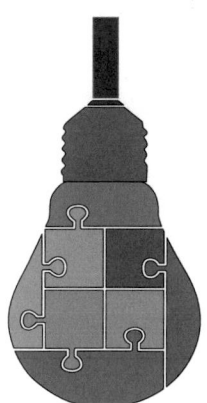

05
Reiner außerbörslicher Handel und starke Preisvolatilität

06
Existentielle Bedrohung für Supply Chain Teilnehmer

07
Einfluss auf Preis des Endproduktes

08
Einfluss auf Produktion des Endproduktes

AGENDA

01 - BEDEUTUNG IM GLOBALEN KONTEXT UND ANWENDUNGSBEISPIELE
Übersicht | Erzeugerländer| Monopolstellung Chinas |
Anwendungsbeispiele | Dysprosium

02 - RISIKOIDENTIFIKATION
Unternehmen | Umfeld | Branche

03 - HERLETUNG "DROHSTOFFE"

04 - FRAMEWORK FÜR DIE BEWERTUNG ALS DROHSTOFF

Wann werden Rohstoffe zu "Droh"-Stoffen?
Globale Supply-Chain-Risiken am Beispiel von Seltenerdmetallen

Framework: Sach- und fachgerechte Bewertung synthetisierter Kriterien

Sachverhalt	Kriterium Drohstoff	Zusatzbedingung
(1) Knappheit	ⓘ	Wenn auch (3), (6) gegeben
(2) Beschränkter Zugang	ⓘ	Wenn auch (3), (6) gegeben
(3) Deckung Gesamtnachfrage	✓	Zu mindestens 87%
(4) Substituierbarkeit (Kosten)	✕	
(5) Substituierbarkeit (Zeit)	✓	
(6) Erschlossene Reserven	✓	Zu mindestens 2/3
(7) Außerbörslicher Handel	✕	
(8) Starke Preisvolatilität	✓	
(9) Bedrohung SC Teilnehmer	✓	
(10) Einfl. Preis Endprod.	ⓘ	Wenn die Preisveränderung die akt. Nachfrager zur Veränderung zwingt
(11) Einfl. Produktion Endprod.	ⓘ	Bei maßgeblicher Beeinflussung der Deckung der Nachfrage

✓ Trifft vollständig zu   ⓘ Trifft teilweise zu   ✕ Trifft nicht zu

Literaturverzeichnis

Angerer, Gerhard et al (Rohstoffe, 2009): Rohstoffe für Zukunftstechnologien - Einfluss des branchenspezifischen Rohstoffbedarfs in rohstoffintensiven Zukunftstechnologien auf die zukünftige Rohstoffnachfrage, Stuttgart: Institut für Zukunftsstudien und Technologiebewertung und Fraunhofer Institut System- und Innovationsforschung im Auftrag des BMWi, 2009

Bundesanstalt für Geowissenschaften und Rohstoffe (Seltene Erden, 2014): Seltene Erden - Rohstoffwirtschaftliche Steckbriefe, Hannover: Fachinformationssystem Rohstoffe, 2014

Erdmann, Lorenz, Behrendt, Siegfried, Feil, Moira (Rohstoffe, 2011): Kritische Rohstoffe für Deutschland - Identifikation aus Sicht deutscher Unternehmen wirtschaftlich bedeutsamer mineralischer Rohstoffe, deren Versorgungslage sich mittel- bis langfristig als kritisch erweisen könnte, Berlin: Institut für Zukunftsstudien und Technologiebewertung (IZT), 2011

Hilpert, Hanns-Günther, Kröger, Antje-Elisabeth (Chinesisches Monopol, 2011): Chinesisches Monopol bei Seltenen Erden - Risiko für die Hochtechnologie, DIW, Wochenbericht Nr. 19.2011, Berlin: Deutsches Institut für Wirtschaftsforschung e. V., 2011

Humphries, Marc (Seltenerdmetalle, 2013): Rare Earth Elements - The Global Supply Chain, Washington: Congressional Research Service, 2013

IW Consult GmbH (Rohstoffe Bayern, 2011): Rohstoffsituation Bayern - keine Zukunft ohne Rohstoffe, Köln: Im Auftrag der VBW, 2011

Marscheider-Weidemann, Frank et al (Rohstoffinformationen, 2016): DERA Rohstoffinformationen – Rohstoffe für die Zukunftstechnologien 2016, Berlin: DERA Rohstoffinformationen, 2016

Schüler, Doris et al (Seltenerdmetalle, 2011): Study on Rare Earths and Their Recycling, Darmstadt: Öko - Institut e.V., 2011

US Department of Energy (Strategie, 2011): Critical Materials Strategy, Washington: US Department of Energy, 2011

Literaturverzeichnis

US Geological Survey (Erzeugerländer, 2016): Mineral Commodity Summaries 2016, Reston: U.S. Department of the Interior, 2016

US Environmental Protection Agency (Produktion, 2012): Rare Earth Elements - A Review of Production, Processing, Recycling, and Associated Environmental Issues, Cincinnati: Office of Research and Development, 2012.

Zamfir Ionel (Afrika 2016): Afrikas Wirtschaftswachstum - Durchstart oder Verlangsamung, Brüssel: Wissenschaftlicher Dienst des Europäischen Parlaments, 2016

Internetquellen:

Die Presse (Afrika 2010): Das Spiel der Großmächte um Afrika (2010-08-09), http://diepresse.com/home/politik/aussenpolitik /586306/Das-Spiel-der-Grossmaechte-um-Afrika, (Zugriff 2017-01-01, 19:27 MEZ)

Einkaufsgemeinschaft Sachwerte (Dysprosium, 2016): Metall-Kurse – Dysprosium (2016-12-12), https://www.goldsilber.org/ekg2/kurse.php, (Zugriff 2017-01-04, 09:17 MEZ)

Haxel, Gordon, Hedrick, James, Orris, Greta (REE, 2002): Rare Earth Elements - Critical Resources for High Technology, https:// pubs.usgs.gov/fs/2002/fs087-02/fs087-02.pdf, (Zugriff 2016-12-23, 07:48 MEZ)

King, Horbart (REE, 2016): Rare Earth Elements and their Uses; http://geology.com/articles/rare-earth-elements/, (Zugriff 2016-12-23, 08:24 MEZ)

USGS (Seltenerdmetalle 2016): Rare Earths - Statistics and Information (2016-12-17), https://minerals.usgs.gov/minerals/pubs /commodity/rare_earths/, (Zugriff 2017-01-02, 11:36 MEZ)

Bildnachweise

[1]
http://investingnews.com/daily/resource-investing/critical-metals-investing/cobalt-investing/cobalt-in-batteries-diminishing-but-not-disappearing/

[2]
https://www.google.de/imgres?imgrefurl=https://twitter.com/anoukvandenberg&tbnid=8EHsacoyyGMfeM:&docid=fBYAtZ y2PtbfwM&h=450&w=600

[3]
https://www.easylighting.co.uk/fluorescent-and-compact-fluorescent-bulbs/

[4]
https://en.wind-turbine-models.com/turbines/937-powerwind-pw90

[5]
https://www.dreamstime.com/photos-images/cd-rom.html

[6]
http://enerzine5.rssing.com/chan-5611074/all_p19.html

[7]
http://bartbaggett.com/blog/the-happiness-radar/

[8]
https://pixabay.com/de/turbine-flugzeug-fliegen-technik-471953/

Bildnachweise

[9]
https://www.noble-house-metal-trading.com/product/dysprosium-oxide/

[10]
https://www.suedwind-institut.de/typo3temp/pics/fd5bbc6920.jpg

[11]
http://www.gbgindonesia.com/en/energy/article/2013/metal_mining_foreign_investment_more_necessary_than_ever-400.jpg

[12]
https://upload.wikimedia.org/wikipedia/commons/thumb/e/e7/Dysprosium.jpg/109px-Dysprosium.jpg

[13]
https://sc02.alicdn.com/kf/HTB149ZOKpXXXXXZXXXXq6xXFXXXa/Chemical-Precipitated-Chalk-Powder.jpg_350x350.jpg

[14]
https://www.ricoo.eu/documents/image/cache/m10/10238/10238-Scheibenmagnet--Neodym--Power--30x10mm--N52--.jpg

[15]
http://www.geospectra.net/kite/ks_wind/wind17s.jpg

[16]
http://www.cslondon.org/wp-content/uploads/2010/05/iStock_WindTurbineMedium1-300x199.jpg

BEI GRIN MACHT SICH IHR
WISSEN BEZAHLT

- Wir veröffentlichen Ihre Hausarbeit,
  Bachelor- und Masterarbeit

- Ihr eigenes eBook und Buch -
  weltweit in allen wichtigen Shops

- Verdienen Sie an jedem Verkauf

Jetzt bei www.GRIN.com hochladen
und kostenlos publizieren